Lk 7,1350

LA RUE DE FONTMORIGNY

ÉTUDE

SUR LES

POSSESSIONS DE L'ABBAYE DE N.-D. DE FONTMORIGNY

DANS LA VILLE DE BOURGES,

PAR

M. CHARLES RIBAULT DE LAUGARDIÈRE,

Avocat, attaché au Parquet de la Cour Impériale de Bourges, Membre de la Commission Historique du Cher

(EXTRAIT DU JOURNAL LE *Droit Commun*).

Juin et Juillet 1855.

BOURGES,

IMP. DE E. PIGELET, SUCCESSEUR DE M. MANCERON.

1855.

LA RUE DE FONTMORIGNY,

ÉTUDE

SUR LES

POSSESSIONS DE L'ABBAYE DE N. D. DE FONTMORIGNY

DANS LA VILLE DE BOURGES.

(**EXTRAIT DU JOURNAL LE** *Droit Commun*).

Il y a quelques années, les noms des rues de Bourges, peints jusque là sur un pan de mur au coin de chacune d'elles, furent écrits en caractères saillants sur des plaques dont la matière promet aux inscriptions une durée que ne pouvait leur donner la peinture. A l'époque où cette heureuse amélioration eut lieu, de notables changements eurent lieu aussi dans la nomenclature des voies de communication de notre vieille ville; il y eut alors des corrections utiles, des restitutions et des substitutions. Mais, a-t-on fait tout ce qu'il y avait à faire ? Et, notamment, a-t-on bien ou mal agi, au point de vue historique s'entend, en consacrant et en reproduisant sur plaque le nom de rue *du Fond-Morigny*, donné par l'inscription peinte, récemment disparue, et, dès 1705, il faut le reconnaître, par le plan du géographe royal de Fer (1), à cette rue que l'on trouve la première à main droite, en entrant dans Bourges par la porte et la rue Saint-Louis? L'unique but de ce travail est l'examen de la question ainsi posée.

Et, d'abord, on peut répondre : On a eu tort ; au lieu de rue *du Fond-Morigny*, c'était rue *de Fontmorigny* qu'il fallait mettre.

Tel est, du moins, le résultat des renseignements fournis par le *Catalogue manuscrit des rues de la ville de Bourges*, document contemporain de la carte de de Fer (2), et qui contient, sur le point qui nous occupe, l'indication suivante :

« La rue de Fontmorigny, en laquelle l'abbaye de Fontmorigny avoit
» un hôtel qui lui servoit d'hospice en temps de guerre ; elle va aux la-
» voir et abreuvoir du Petit-Charlet (3). »

Ainsi se trouve expliquée péremptoirement l'origine du nom de la rue. Elle s'est nommée de Fontmorigny, parce que l'abbaye désignée par cette appellation (4) y eut jadis des possessions. — Le même fait s'est présenté à Nevers, et a amené la même conséquence. Une des rues du chef-lieu de la Nièvre porte le nom de rue de Fontmorigny.

Le plan de de Fer ne saurait prévaloir contre l'autorité du catalogue,

(1) *Fond-Morigni*, de Fer, *loc. cit.* — *Fond-Morigny*, plaque posée à l'angle du boulevart Saint-Louis, autrefois Saint-Laurent. Sur la plaque, à l'angle de a rue Saint-Louis, le nom est écrit sans trait d'union.
(2) M. Chevalier de Saint-Amand, dans ses articles spéciaux d'odographie, publiés par le *Journal de Bourges*, fait remonter approximativement au commencement du 18e siècle, la date de cette compilation anonyme *tirée des Mémoires de MM. Catherinot, Alabat de Vignory, le chevalier Gougnon, et de plusieurs anciens titres*. (V. les numéros du Journal de Bourges, des 7 mars et 11 avril 1846.)
(3) Copie du catalogue, datée de 1770, communiquée par M. Henri Vidal. Une autre copie, dont je dois communication à l'obligeance de M. Vermeil, donne la version *Fontmorigni*.
(4) Pour l'origine de cette abbaye, située dans la vallée de l'Aubois, V. La Thaumassière, *Histoire du Berry*, p. 813, et M. Louis Raynal, *Histoire du Berry*, II, p. 136.

corroborée surtout par le témoignage des actes. Grâce à ces actes, nous allons connaître la date des premières possessions de l'abbaye dans la ville de Bourges.

Guerri Garreau avait acheté, dans les premières années du 13ᵉ siècle, un chezal sis à la porte Oorenese (1) qui fut à Pierre Bourgeois, (*casale porte Oorenese quod fuit Petri Bourgeois*), chezal que Jehan de l'Œuvre (*de Opere*), chanoine de la bienheureuse Marie de Montermoyen, et parent de Pierre Bourgeois, avait retenu *pro parentela* (2). Cependant, Guerri Garreau avait fait cette acquisition moyennant 60 livres parisis qu'il avait payées. En 1224, une convention fut conclue entre lui et Jean de l'Œuvre, par laquelle i rentra indirectement dans son capital. Des lettres de maître Guidon, official de Bourges, écrites au mois de septembre et scellées au mois d'octobre de cette année (3) constatent que le chanoine de Montermoyen lui vendit, moyennant 150 livres parisis, y compris les 60 livres ci-dessus, *tout* le chézal et les vergers qu'il tenait de maître Hugues son père ; ces héritages, situés dans la paroisse de Saint-Jean-des-Champs, jouxte la rivière de Charlet. Nous croyons devoir reproduire la partie du texte où se trouvent ces indications.

« Totum casale et viridariaque fuerunt magistri Hugonis (4) patris
» ejusdem Johannis.... sicut sita sunt ut dicitur in parochia sci-Johannis
» de campis juxta domum Hugonis de Dierri et viridarium Petri de Pa-
» raci, et juxta aquam de Charlet.... (5). »

(1) Porte d'Auron.
(2) Retrait lignager.
(3) Archives du Cher, Cartulaire de Fontmorigny, p. ccx — V. aussi à la bibliothèque de Bourges, nº 197 des manuscrits, Cartulaire de Fontmorigny, p. CLXVI.
(4) Le nom *de Opere* n'étant pas donné ici au père de Jean, devrait-on en conclure que celui-ci était spécialement chargé de *l'œuvre* de l'église de N.-D. de Montermoyen ? — V. p. 45 du *Traité du Franc-Aleu* par la Thaumassière une charte relative à ce même personnage.
(5) *Aquam de Charet*, dit le cartulaire conservé à la bibliothèque, *loc. cit.*

Il était expressément déclaré dans l'acte qu'une certaine grange renfermée dans l'enceinte du chezal était chargée de deux deniers parisis de cens annuel envers l'église de Saint-Pierre-le-Puellier, et qu'une portion de ces vergers devait à cette église et à celle de Saint-Etienne, 10 deniers parisis également de cens annuel.

Une contestation s'éleva au sujet de ce dernier cens, entre le chapitre de Saint-Etienne et de Saint-Pierre-le-Puellier d'une part et Jean de l'OEuvre d'autre part, appelé sans doute en garantie par Guerri Garreau. Il disait qu'il avait possédé allodialement et sans charge de cens, une partie de son chezal de Charlet, — *dicebat se partem casalis sui de Charleto in allodio et sine censu possedisse* (1) ; — et qu'il avait, il est vrai, payé un cens de dix deniers aux susdits chapitres, mais sur une partie seulement de son chezal. Les chapitres prétendaient avoir droit de cens sur la totalité de l'immeuble. Des gens animés de bonnes intentions s'interposèrent: par acte devant maître Guidon, official de Bourges, du mois de février 1225 (v. s.), les chapitres abandonnèrent leurs prétentions et même leur cens de 10 deniers parfaitement établi au moins sur une portion du chezal ; en récompense, et pour l'amour de la paix, Jean de l'OEuvre leur assignait et donnait 16 deniers parisis de cens sur ses vignes sises *en Beauregard* (2). Certes, Saint Etienne et Saint-Pierre-le-Puellier n'y perdaient rien. Mais Jean de l'OEuvre n'y dût rien perdre non plus, la preuve en est dans la valeur que Guerri Garreau crut pouvoir assigner en 1252 à sa propriété, ce qui indique qu'il dut dépenser à son occasion une certaine somme d'argent en sus du prix stipulé primitivement. Et ce qui établit que dans l'acte ci-dessus,

---

(1) La Thaumassière, *ibid.* — Ce texte a le mérite d'établir qu'au moyen-âge, et jusqu'à l'introduction des religieux de Fontmorigny, un quartier de la ville et non pas seulement un faubourg, portait le **nom** de Charlet.

(2) *Ibid.* — La Thaumassière renvoie au cartulaire de Saint-Pierre-le-Puellier et à la *pancarte* de l'église patriarchale.

quoique Garreau ne soit pas nommé, il s'agit bien du chezal par lui acheté en 1224, c'est que, quand en 1254, les moines de Fontmorigny furent devenus par sa mort définitivement propriétaires de ce chezal et de ses dépendances, maître Philippe, prieur, et le chapitre de Saint-Pierre-le-Puellier, dans des lettres données au mois de juillet de cette année, ne disent avoir que deux deniers de cens sur la porte et sur le verger dudit chezal, sis vers la porte de Charlet, à l'intérieur des murs de ville. « ..... *Et nos diceremus habere duos denarios par. Censuales super porta dicti casalis et super viridario dicti casalis.... siti Bitur. versus portam de Charleto infra muros ville.....* »

Ces lettres (1) sont relatives au paiement par l'abbé de Fontmorigny de 10 livres parisis à titre d'accordement, et à la vente que lui font les chanoines de leur cens moyennant 20 livres.

Mais n'anticipons pas sur les événements.

Au mois de mai 1252, pardevant l'official de Bourges, Guerri Garreau, citoyen de Bourges, (*Guerricus Garrelli, civis Bituricensis*), — désirant assurer le salut de son âme et sachant que rien n'est plus incertain que l'heure de la mort, — Guerri Garreau, dis-je, à l'intention de son salut et de celui de ses parents, donna en perpétuelle aumône aux abbé et couvent de Fontmorigny de l'ordre de Cîteaux, et à leurs successeurs, la moitié d'un chezal et d'une maison qu'il avait sur la rivière de Charlet à l'intérieur des murailles de la ville, plus la moitié de leurs appartenances, c'est-à-dire la moitié d'un jardin contigu à la maison et au chezal, et la moitié d'une île dépendant dudit chezal, sise jouxte ce chezal, la rivière entre deux, ainsi que cette île s'étend jusqu'aux murs de la ville de Bourges et jusqu'à l'ouverture par laquelle l'eau de ladite rivière entre dans la ville.

(1) Cartulaires de Fontmorigny ; cart. des archives du Cher, p. CCXII et suiv., et cart. de la bibliothèque, p. CLXVII.

« .... Medietatem domus et casalis quas habebat idem G. supra rip-
» pariam de Charleto infra clausuram murorum ville Bituricensis cum
» medietate pertinenciarum dicte domus et casalis predicti, videlicet
» medietatem virgulti domus predicte quod contingitur dicte domus et
» casalis predicti, et medietatem insule pertinentis ad dictum casale site
» ut dicitur juxta dictum casale dicta ripparia mediante prout dicta
» insula pretenditur usque ad muros ville Bituricensis et ad alveolum
» per quem labitur aqua dicte ripparie infra villam Bituricensem.... »

Le même jour et par le même acte, Guerri Garreau vendit aux mêmes, moyennant 110 livres tournois, l'autre moitié de la maison et du chezal susdit avec leurs appartenances, se réservant toutefois en viager l'usufruit total tant de ce qu'il vendait que de ce qu'il avait donné (1).

Qui pouvait porter cet homme à faire une donation plutôt à Fontmorigny qu'à toute autre maison religieuse ? c'est ce que les pièces que nous avons consultées ne nous ont pas appris.

Quoi qu'il en soit, son usufruit ne fut pas de longue durée. Guerri Garreau, pour parler le langage d'un acte du mois de novembre 1253 (2), entra bientôt dans la voie à laquelle aboutit toute chair. Mais il laissait un neveu, nommé Guerri Garreau, comme lui, dont les religieux voulurent avoir la garantie. Celui-ci donc par cet acte de novembre 1253, inséré aux deux cartulaires de Fontmorigny et imprimé par La Thaumassière, ratifia, devant l'official de Bourges, les dispositions de son oncle et leurs accessoires, avec tout le luxe de stipulations en usage à l'époque. (*Adversus omnes gentes garantiret, et deffenderet in Franco Allodio absque quolibet Onere, Censu, Consuetudine qua-*

(1 Cartulaires de Fontmorigny ; cart. des archives, p. CCVIII, verso et cart. de la bibliothèque, p. CLXV

2) Cartulaire des archives, p. CCVII et cart. de la bibliothèque, p. CLXIIII. — V. aussi La Thaumassière, *Traité du Franc Aleu*, p 15

libet et Costumis, etc.) Quoique La Thaumassière intitule cet acte Ratification et Donation d'une maison *scise rue de Charlet*, aux religieux de Fontmorigny, *par Guerri Garreau et son neveu...*, il suffit de la lecture la plus rapide de ce document, vers la fin surtout, pour se convaincre que le neveu seul y figure en réalité et que l'oncle n'y paraît qu'en souvenir. Cet intitulé même renferme deux erreurs et non pas seulement une. Rectifions donc la seconde comme nous avons rectifié la première. Il n'est question dans l'acte que de la rivière de Charlet (*Riperiam de Charleto*), et nullement de rue, sous quelque nom que ce soit.

Si l'on en croit un second acte publié par La Thaumassière, d'après l'orignal communiqué par M. Gassot de Priou, et qui n'est à une ou deux minimes différences près, que la reproduction du premier (1), le couvent de Fontmorigny ne se serait point contenté d'une garantie une première fois donnée, et il aurait fallu que Guerri Garreau le neveu renouvelât au mois de décembre la formalité qu'il avait accomplie au mois de novembre. Inutile d'ajouter que dans l'intitulé de cet acte, La Thaumassière commet la même erreur que dans celui de l'autre. Bien plus, le mercredi après les Rameaux de l'année 1263 (v. s.) ce même Garreau le neveu, ratifia une troisième fois toutes les ventes et tous les dons de son oncle au couvent de Fontmorigny (2). —

La famille Garreau, nombreuse à Bourges au XIIIe siècle, n'était pas sans occuper un certain rang dans la ville au point de vue de la richesse comme au point de vue de la position. En 1208, Hugues, abbé, *et tout le couvent de Saint-Sulpice*, arrentent à Mathieu Garreau, pour tout le temps qu'il vivra, leur grange d'*Axerengos* (3). Au mois de mai 1230, une contestation s'élève entre les prieur et chapitre de

---
(1) *Ibid.*
(2) Cart. de la bibliothèque, p. CLXVII.
(3) Archives du Cher, Cartulaire A. de Saint-Sulpice, p. 85.

Notre-Dame-de-Sales et ce même Mathieu Garreau sans doute, citoyen de Bourges (*civis Bituricensis*), au sujet d'un pont qu'il était tenu de faire tous les ans sur les eaux *de Oriaco*, pour faciliter la conduite des foins du chapitre (1). Au mois de mars 1255 (V. S.), Hugonin Garreau, fils de Geoffroi Garreau, citoyen de Bourges (*Hugoninus Garrelli filius Gaufridi Garelli civis Bituricensis*), vend à Notre-Dame de Sales, au prix de 54 livres parisis, tout le revenu de blé, laine, agneaux, etc., qu'il avait ou pouvait et devait avoir dans toute l'étendue de la paroisse de *Arcayo* ou d'Arçay (2). C'est bien certainement lui qui, désigné dans un autre acte, sous le nom d'*Hugonnin Carreau*, vend avec Arenburge sa mère, en 1253, à Robin Rabine *de Yona*, trois pièces de terre, sises au terroir de l'Orme-Hosim, paroisse du bienheureux Austregesile du Château de Bourges, dans la censive de Montermoyen (3). Nous verrons bientôt qu'en 1283, Arnoul Garreau, servant d'armes du roi, descendant sans doute de Guerri Garreau le neveu, demeurait dans le quartier où étaient situées les propriétés que Guerri Garreau l'oncle, décédé sans postérité, avait données et vendues au couvent de Fontmorigny (4). — Qu'on nous pardonne cette digression dans laquelle nous avons cru devoir réunir les quelques indications que nous avons, au milieu de nos recherches historiques, recueillies comme au hasard sur une des vieilles familles de Bourges, dont le nom, bien qu'avec une différence d'orthographe, apportée par le temps, existait encore il n'y a guère qu'un demi-siècle, au nombre des plus honorables de la ville (5).

(1) Archives du Cher, Cartulaire de N.-D.-de-Sales, p. 115.
(2) *Ibid*, p 97.
(3) Archives du Cher, Cartulaire de Montermoyen, p. 50.
(4) V plus loin, p. 10.
(5) Aux noms des membres de la famille Garreau, au 13e siècle, je dois ajouter le nom d'un personnage du 16e, qui appartient bien à cette famille. Ce renseignement m'est communiqué par mon collègue à la Commission Historique, M. H. Boyer, qui l'a extrait des précieuses notes qu'il rassem-

En 1242, un Guerri Garreau, — lequel des deux ? — était prévôt du roi à Bourges (1). Il avait fait emprisonner un boucher du nom de Jacquelin, homme du chapitre de Saint-Etienne. Trois fois excommunié à raison de cette violation des privilèges du chapitre, il ne parvint à se faire absoudre qu'après avoir relâché son prisonnier, payé une amende, et déposé sur l'autel un livre couvert en argent (2).

Le chapitre paraît n'avoir pas complétement pardonné l'injure faite et l'atteinte portée à ses immunités. Il semble qu'il ait voulu en faire subir aussi la peine par les religieux de Fontmorigny, — successeurs directs de son adversaire dans le chezal du quartier de Charlet, par vente et donation, si le prévôt était l'oncle, successeurs indirects par confirmation et ratification, si le prévôt était le neveu. —

Effectivement, quelques jours avant la fête des *Rameaux* de l'année

ble pour une seconde édition de son *Histoire des Imprimeurs et Libraires de Bourges*, déjà si curieuse.

« Jean Garreau, libraire, établi vers 1567 sur la paroisse de St-Pierre-
» le-Puellier (*Archives municipales. — Registre de l'imposition de cinq
» solz sur chascun muid de vin*, 1567-68). C'était sans doute dans la
» rue qui abritait alors une partie de nos libraires et qu'on trouve désignée
» dans les anciens comptes de la ville sous le nom de *rue des Escripvains*
» ou de *rue des Libraires*. Elle prenait depuis la Porte-Dorée jusqu'à la
» Fourchault; c'était une partie de la rue Porte-Jaune actuelle. »

(1) La Thaumassière, dans sa liste des Prévôts de Bourges, *Histoire du Berry*, p. 53, indique ainsi qu'il suit leur succession : Geoffroy Trousseau, 1231 ; Guérin Garreau, 1241 ; Jean Faucon, 1270. S'il n'y a pas de lacune dans cette liste, le prévôt aurait été Guerri Garreau, le neveu ; l'oncle étant mort dès 1253.

(2) M. Louis Raynal, *Histoire du Berry*, II, p. 326 ; M. de Girardot, *Histoire du chapitre de Saint-Etienne de Bourges*, p. 68. Le premier de ces auteurs dit : Guéry Garreau, le second, Guerry Garreau. Le Cartulaire de la bibliothèque, (p. CLXV), donne pour titre, à l'acte de mai 1252, ces mots : *De Domo quam emimus de Guerri Gaurau*. — J'adopte parfaitement la traduction de *Guerricus*, par Guerri, mais quoique le Cartulaire soit du même siècle que l'acte, je ne crois pas pouvoir imiter son copiste ni traduire *Garrelli* autrement que je le fais. La Thaumassière dit Guérin dans sa liste des prévôts, et Guerri dans son *Traité du Franc-Aleu* déjà cité

1283, (v. s.), les religieux de Fontmorigny font à Pierre Lelarge, (*Petrus Largi*), devant Laurent Pelorde, garde du scel de la prevôté de Bourges, un double achat, moyennant une somme totale de 55 livres tournois. Ils lui achètent d'abord un chezal avec tous ses droits et toutes ses appartenances, maisons et édifices quelconques de bois ou de pierre existant dans le chezal, fossés en dépendant, arbres fruitiers et arbres non fruitiers : lequel chezal situé à Bourges, joûtant par derrière la rivière d'Avrette ou de Charlet, par devant la ruelle *aux Buyssins* (1), laquelle ruelle débouche vis-à-vis la maison de ces Buyssins dont elle est séparée par une rue publique ; ce même chezal, entouré de toutes parts de fossés pleins d'eau, joûtant d'un côté le chezal de Jean Siret, gendre du nommé Marcheant de Mareuil, et le mur construit entre la maison dudit chezal vendu et le chezal des héritiers de Geoffroy Trousseau, et joûtant d'autre coté le chezal des religieux de Fontmorigny, un fossé plein d'eau entre deux. Les religieux achètent en outre une maison avec l'*oûche* qui y est jointe, sises dans ladite ruelle, jouxte cette ruelle par devant, le chezal et la pêcherie d'un clerc nommé Jean *de Ursiaco* par derrière, le fossé du chezal précédemment vendu d'un côté, et la maison du servant d'armes du roi, Arnoul Garreau, de l'autre. Le tout franc et quitte de tous droits, *sauf cependant le cens accoutumé*. C'est par ce point vulnérable que le chapitre de Saint-Etienne, seigneur censier avec Saint-Pierre-le-Puellier, de cette partie de la ville, attaquera le malheureux couvent de Fontmorigny. Nous verrons bientôt comment. Avant d'arriver à ces détails, nous devons reproduire, comme nous l'avons déjà fait pour d'autres, la partie essentielle de l'acte que nous venons d'analyser. Cette fois l'extrait sera un peu long ; mais il nous semble que nous devons pro-

---

(3) Ne serait-ce pas là l'ancienne forme du nom des *buandiers* ? La racine est bien la même : *buie*, lessive.

duire aux yeux de tous, un texte qui mettra les lecteurs exigeants à même de contrôler notre travail, de voir si notre français donne bien comme le latin la physionomie du coin du vieux Bourges que nous essayons de peindre, un texte en un mot qui rendra possible à chacun la correction des fautes que nous pourrions avoir commises dans la traduction.

« ..... Totum casale suum quod situm est Bituricas juxta riperiam
» *aurete* seu Charleti a parte posteriori, et ruetam que appellatur
» rueta *aus Buyssins* que rueta est ante domum ipsorum rua publica
» intermedia a parte anteriori, prout clausum est ipsum casale undique
» fossatis et aquis videlicet juxta murum casalis heredum defuncti Gau-
» fridi Troselli et casale Johannis Sireti generis dicti Marcheant de
» Marolio ab uno latere qui murus predictus constructus est inter do-
» mum casalis venditi et dictum casale heredum predictorum Gaufridi
» supra dicti, et juxta casale dictorum religiosorum (Fontismoriniaci),
» quodam fossato cum aqua intermedio, quod fossatum cum aqua est
» de casali vendito supradicto ex alio latere, cum omnibus domibus et
» quibuscumque edificiis lapideis et ligneis in dicto casali existentibus,
» et cum omnibus fossatis..... et omnibus arboribus fructiferis et aliis.
» Item..... quandam domum sitam in dicta rueta juxta ipsam ruetam à
» parte anteriori, et casale et piscaria magistri Johannis de Ursiaco
» clerici à parte posteriori, et juxta fossatum dicti casalis venditi ex
» uno latere, et domum Arnulphi Garrelli servientis regis ut dicitur ex
» alio latere. Videlicet prout dicta domus cum olchia de retro sita et ar-
» boribus ibidem existentibus et predictum casale cum omnibus juribus
» et pertinentiis ipsorum se extendunt..... exonerata ab omnibus one-
» ribus quibuscumque, *excepto duntaxat solo censu consueto*... (1). »

D'après l'ancienne coutume généralement établie en France et qui

---

1 Archives du Cher, fonds de Saint-Etienne, 31e liasse, cote 1.

procédait par voie d'analogie, de ce qui était observé dans le droit romain en matière d'emphytéose (1), tout seigneur censier, dans le cas où l'héritage tenu de lui en cens venait à être vendu, jouissait du droit de retenue ou retrait seigneurial, qui n'était autre chose, suivant l'explication de La Thaumassière (2), que la faculté accordée au seigneur « de » retenir par puissance de sa seigneurie directe, l'héritage mouvant de » luy, et de l'ôter à l'acheteur, en le remboursant du prix de la vente, » loyaux coûts et frais, dans le temps de la coutume. » A Bourges, ainsi que le constate le *Coustumier* écrit du XIVe au XVe siècle, ce droit avait été en partie retiré aux gens de l'Église : il ne leur était plus permis de retirer qu'à condition de « mettre hors main la chose retenue » dedans l'an. » (3) Les coutumes de Bourges rédigées en exécution des lettres de Louis XI du 27 août 1481, retirèrent entièrement aux ecclésiastiques le droit de retenue (4) ; et la coutume de Berry de 1539 disposa en conséquence que « l'Église n'use de ce droit en héritages te‑ » nus et mouvans d'elle en censive, vendus par le censier (5). » Mais au XIIIe siècle le clergé était en pleine possession de retenir. La Thaumassière en donne de nombreux exemples (6), auxquels nous en ajouterons un nouveau après ces préliminaires indispensables.

Nous savons que le quartier intérieur de Charlet était dans la censive des chapitres de Saint-Étienne et de Saint-Pierre-le-Puellier.

L'agrandissement des propriétés du couvent de Fontmorigny ne convenait pas aux chanoines de Saint-Étienne; nous avons cru deviner

---

(1) Corvini *Enchiridium*, Amsterodami ex officina Elzeviriana, A 1657, p. 326 *in fine*. — Cod. IV. 66, lex 3

(2) *Coutumes de Berry*, commentaire du titre XIII, pp. 445 et suiv.

(3) Chapitre IV. — La Thaumassière, *Coutumes Locales*, p. 237.

(4) Rubriche V, 1er article. — La Thaumassière, *même ouvrage*, p. 324.

(5) La Thaumassière, *Coutumes de Berry*, p. 453

(6) *Ibid.*, p. 455

pourquoi : ils étaient sans doute jaloux, comme corps, de voir entre d'autres mains les biens de Guerri-Garreau, sur lesquels ils comptaient peut-être comme nouvelle expiation de la faute dont cet homme s'était rendu coupable en violant leurs privilèges. Le chapitre et son doyen n'avaient pu exercer leur droit de retenue lors des actes de 1252 et 1253. Le cens avait été vendu (1) ; les biens transportés n'étaient plus dans leur censive ; mais ils trouvèrent l'occasion de restreindre les développements de l'abbaye de Fontmorigny dans Bourges, à l'époque de la vente Lelarge.

Sitôt donc qu'ils apprirent officiellement la conclusion de l'affaire, ils firent savoir aux acquéreurs qu'ils entendaient user de leur droit, qu'ils voulaient avoir la retenue (*vellentque et peterent dicti decanus et capitulum omnium predictarum rerum venditarum habere retentionem.*) Il paraît que le chapitre de Saint-Pierre-le-Puellier ne voulut pas retenir ; pourquoi l'aurait-il fait ? (*Priore et capitulo Sancti Petri nolentibus ut dicitur retinere.*) Le chapitre de Saint-Etienne offrit de payer les 55 liv. tournois déboursées. Par acte du lundi après la Pentecôte de l'année 1284, bien peu de temps après l'achat qui avait eu lieu à l'époque des Rameaux, frère Etienne, abbé de Fontmorigny, constate en son nom et au nom de tout le couvent de ce lieu les exigences du chapitre relativement à son droit de retenue et le résultat de ces exigences, c'est-à-dire l'abandon des biens achetés à Pierre Lelarge (2). Le détail des indications relatives aux tenants et aboutissants de ces biens, est toujours le même : le Chezal est dit situé entre la rivière d'*Avrette* ou de Charlet, par derrière, et par devant la ruelle qui débouche dans une rue publique, vis-à-vis la maison *as Buyssins*, etc.

« Casale quod situm est Bitur. intra ripperiam *aurete* seu Charleti a

---

(1) V. plus haut, acte de février 1223, (V. S., p. 4.
(2) Archives du Cher, fonds de Saint-Etienne, 31ᵉ liasse, cote 2, p. 1.

» parte posteriori et ructam que est ante domum *as Buyssins* rua pu-
» blica intermedia à parte posteriori, etc. »

Ainsi donc voici l'antagonisme entre Saint-Etienne et Notre-Dame-de Fontmorigny bien établi : si nous voulions explorer les archives de ces deux établissements, nous verrions qu'ils ont peu souvent vécu en vraiment bons voisins ; que de contestations se sont élevées entre eux, notamment au sujet de la métairie d'Urichamp, sise dans la dixmerie de Vornay, de celle de Rémont dans la dixmerie du même nom, de celle de Bernay dans la dixmerie de Bengy-sur-Craon, les métairies dépendant de Fontmorigny et les dixmeries du chapitre (1)!

Devenu, moyennant remboursement des 55 livres, propriétaire des biens de Pierre Lelarge, Saint-Etienne passe à leur sujet un contrat assez curieux pour que nous en donnions l'analyse. Le lundi après l'octave de la B. Marie-Magdeleine, au mois de juillet 1284, devant Gilebert, notaire-juré de l'officialité de Bourges, Etienne Baron ou Baronis, clerc, reconnaît qu'il a reçu en concession du chapitre, moyennant 55 livres tournois, pour en jouir par lui durant sa vie et par ses héritiers ou ayant-cause durant la demie-année de sa mort, et la maison et le chezal qui furent à Pierre Lelarge, ledit chezal sis entre la rivière d'Evrette ou de *Challet*, et la ruche *au Bucins*, etc.

« Casale quod quondam fuit Petri Largi civis Bituricensis... situm...

---

(1) Archives du Cher, fonds de Fontmorigny, inventaire de 1716, p. 2, transaction de 1286. — V. encore, p. 7 de cet inventaire, mention d'une visite faite en 1491, par le doyen et le chapitre de Saint-Etienne de Bourges, en présence d'André Berger, notaire, et de 22 témoins, pour borner les terres et justices de Fontenay, de Bengy, de Bernay et de Champvalier. (Ces deux dernières, propriétés de Fontmorigny). — V. aussi fonds de Saint-Etienne, titres domaniaux, Cornusse, 2e liasse, n° 1, pièces concernant les droits de dixmes au chapitre appartenant paroisse de Cornusse, ensemble sur les terres de l'abbé de Fontmorigny, et le droit de suite à cause de la seigneurie de Bengy. (1348—1549.)

» inter riperiam Eurete seu Challetti.... et ruetam que appellatur *au*
» *Bucins....* Item Domus.... (1). »

Il est à remarquer que cette concession viagère était faite au même prix que la vente perpétuelle. Une compensation devait donc être établie en faveur d'Etienne Baron. Aussi les chanoines s'engagent-ils à faire à perpétuité l'anniversaire d'Etienne, de son père et de sa mère, et tant qu'il vivra bien entendu l'anniversaire de ces derniers seulement, pour chaque anniversaire desquels il consent à donner 20 sous tournois par pure libéralité (*ex liberalitate sua et de suo largiturum*). Il est à remarquer en outre que cette concession temporelle n'est plus une véritable *mise hors main* (2) ; les ecclésiastiques à la fin du 13e siècle jouissaient donc complètement encore du droit de retrait seigneurial.

Revenons cependant au monastère de Fontmorigny et à ses biens. Nous allons jeter un coup-d'œil rapide sur quelques nouveaux documents y relatifs.

Le jeudi d'après la fête du B. André d'Avril, l'an 1327, devant Pierre Doë, notaire, les religieux de Fontmorigny et Regnaud Augir, citoyen de Bourges, ratifient un échange qui a été l'objet d'une précédente convention verbale entre eux. Augir devait donner le tiers des appartenances d'un chezal sis *in vico Fontismoriniaci* (3) — dans le bourg de Fontmorigny — à côté de la maison de Bourges des religieux

---

(1) Archives du Cher, fonds de Saint-Etienne, 31e liasse, cote 2, p. 2.
(2) V. plus haut, p. 12.
(3) *Vicus* signifie *bourg* et *rue*. Des deux mots français, j'ai cru devoir employer le premier. Pourtant l'acte qui nous occupe en ce moment était passé à une époque bien voisine de celle où le chapitre de Saint-Etienne avait restreint l'essor de Fontmorigny à Bourges, par l'exercice du retrait ; or, pour que l'on pût dire le bourg de Fontmorigny, toute proportion gardée, comme on disait les bourgs de Saint-Ursin, Saint-Laurent, Saint-Ambroise ; pour que ce bourg, tant petit fût-il, existât, il fallait certain développement, même assez rapide, des propriétés des moines. Cela est vrai. Mais la teneur de l'acte me semble prouver qu'il n'est pas question encore de rue. Je reviendrai sur ce point.

(*domus Bituricensis dictorum religiosorum*) ; plus, avec ce tiers, il devait leur abandonner le droit qu'il avait d'aller à l'Evrette et d'en revenir en passant le long des treilles de leur clôture. Cette servitude de passage, les religieux voulaient l'éteindre, car si discret que soit celui qui en use, une servitude est toujours une grande charge pour qui la subit; de son côté, Augir ne répugnait pas aux conditions qui lui avaient été offertes, et qui, de propriétaire d'un droit, le faisaient propriétaire d'un fonds. Il devait donc recevoir en échange de ce qu'il délaissait une langue de terrain de la largeur de deux toises à prendre depuis son jardin jusqu'à la rivière, sur ce côté de l'*ouche* ou enclos des religieux, contigu à cet ancien chezal Pierre Le'arge qu'ils avaient cru acquérir (1) et qu'on nommait maintenant le chezal des vénérables doyen et chapitre de l'église de Bourges! A l'appui de ce résumé, voici un texte dont l'importance dans ce travail fera pardonner la longueur.

« ... Permutatione de rebus infra scriptis ad invicem prolocuta ut di-
» citur videlicet de duabus tesiis virgulti seu *olchie* domus Bituricensis
» dictorum religiosorum prout mensurate et bornate seu mete posite
» sunt et facta palicia seu clausura in longitudine dicte virgulti religio-
» sorum predictorum et se extendunt a virgultis domus dicti Regnaudi
» in longitudinem dicte clausure usque ad rippariam Eurete et in largum
» a dicta clausura usque ad clausuram et *olchiam domus venerabi-*
» *lium virorum decani et capituli ecclesie Bituricensis....* Ad ter-
» tiam partem seu cum tertia parte cujusdam casalis et domus, vir-
» gulti et pertinenciarum ejusdem sitarum in vico Fontismoriniaci in
» parrochia Sancti-Johannis de campis Bituricensis,... cum libero itu et
» redditu exinde usque ad rippariam Eurete in longum treilharum
» adherentium dicte clausure dictorum religiosorum,... » (2).

(1) V. plus haut.
(2) Archives du Cher, titres de Fontmorigny, liasse 5e, cote 7, 1re pièce.

Les deux toises déjà mesurées avaient été bornées, et la palissade avait été faite qui devait les séparer de l'enclos dont on allait les distraire. Mais une sorte d'hésitation retint le bon citoyen ou bourgeois de Bourges, il s'agissait d'aliénation de chose appartenant à l'église, des formalités solennelles devaient être remplies, afin d'assurer l'avenir de la transaction ; Regnaud Augir exigea l'accomplissement de ces formalités.

« Quia prefatus Regnaudus Augir ad ipsam permutationem facien-
» dam nolebat procedere nisi solemnitate prius adhibitaque in aliena-
» tione rei ecclesiasticæ debet et expedit adhiberi,... » (1)

Avant donc la prise de possession par chacune des deux parties du terrain verbalement échangé, un notaire instrumenta. Augir déclare que la portion de son chezal qu'il cède en échange est franche et quitte de tous droits, sauf la troisième partie de cinq deniers tournois de cens dûs aux chapitres de Saint-Etienne et de Saint-Pierre-le-Puellier, sauf en outre la troisième partie de cinq sous tournois de rente annuelle au chapelain de Saint-Jehan-des-Champs (2).

Par acte du même jour que le précédent, les religieux de Fontmorigny se réservent une obole de cens sur les deux toises d'*oulche* ou jardin dont ils viennent de faire Augir propriétaire, au cas où elles seraient vendues, soit par lui, soit par ses héritiers (3). Cette stipulation eut lieu devant le même notaire.

La formule en tête de ces deux actes est au nom de Guillerme Poletons, garde du scel de la Prévôté de Bourges. —

---

(1) *Ibid.*
(2) Etienne Augir était procureur de la fabrique de Saint-Jean-des-Champs en 1348. Archives du Cher, fonds de Saint-Pierre-le-Puellier, liasse 9, C., pièce 7.
(3) Archives du Cher, Fontmorigny, liasse 5e, cote 7, pièce 2e. — A cette pièce pend un sceau de la prévôté avec un petit contre-sceau bien conservé.

Et maintenant, pour nous dire ce qui se passa dans le quartier de Fontmorigny pendant plus d'un siècle et demi, aucune pièce aux archives, parmi celles de l'abbaye ni parmi celles de Saint-Etienne. Du moins, n'en ai-je pas rencontré. Heureusement, un registre des cens de Saint-Pierre-le-Puellier va nous donner sur cette période des indications qui offrent un intérêt assez grand pour que je les cite *in extenso*

Nous ne sommes plus au temps du don et de la vente Guerry Garreau, il faut bien en convenir; nous touchons à l'apogée de Fontmorigny dans Bourges.

Que les lectrices de ce travail respirent, (si toutefois il n'y a pas outrecuidance à penser qu'il s'est rencontré des lectrices assez hardies pour affronter jusqu'au bout ces phrases arides entremêlées de tant de citations latines), qu'elles continuent sans crainte de plus trouver de latin sous leurs yeux, latin détestable, mais tout aussi incompréhensible pour elles que s'il était excellent. Nous n'aurons plus affaire qu'à des sources françaises.

Dans les papiers de Saint-Pierre-le-Puellier, comme je viens de le dire se trouve conservé un registre des « cens accordables par in-
» divis debus chaculn an aus venérables doien et chapitre de Bourges et
» prieur et chapitre de lesglise seculière et collegialle de St-Père le
» Pullier de Bourges, lesquelx se paient le jour de la saint Jehan-Bap-
» tiste. » Ce document précieux porte le titre suivant, d'une écriture du seizième siècle : *Antian livre du censif de St-Pierre-le-Puellier en la ville de Bourges*, MCCCCXXV (1). En réalité, il embrasse une période d'au moins trois années à partir de 1426. Il commence par la nomenclature des cens « assis en la paroisse de St-Jehan des Champs
» depuis la porte de Charlet jucqs à la maison Colas Doulcet en allant à

---

(1) Archives du Cher, fonds de St-Pierre-le-Puellier, 32e liasse.

» la Porte Gordaine. » Ajoutez à cette indication qu'en suivant ainsi d'un endroit à l'autre, c'est par la gauche, c'est à dire précisément par le côté de Fontmorigny, que commence l'énumération, par alinéas que je numéroterai, des biens payant cens aux chapitres.

Le premier alinéa est relatif à « deux estages de maisons assises en » ladicte rue (de Charlet), joignant d'une part aus murs de la ville de » Bourges, et d'autre part la maison de Guymbelet, » pour lesquelles maisons l'abbé et le couvent de St-Ambroise doivent douze deniers parisis.

Second alinéa, maison et « jardyns » du nommé Guymbelet, joûtant les maisons précédentes et la maison qui suit.

« 3. Item le Maistre de la Maison-Dieu de Bourges, II Parisis a cause » d'une petite maison et jardin assi en la dicte parroisse (de St-Jehan-» des-Champs), *en la rue par laquelle on va de la dicte rue de* » *Charlet en la rivière d'Aurecte*, (1) juignant d'une part au jardin de » feu Pierre Chalon qui est a présent aud. Guymbelet a cause de sa » femme, et d'autre part à la maison et jardin de l'abbé et convent de » Fontmorigny que tienct Guillaume Charron par adcense annuelle.

» 4. Item l'abbé et convent de Fontmorigny IIII Parisis a cause d'une » maison et jardyn assis comme dessus, juignant d'une part à la maison » et jardin de la Maison-Dieu de Bourges et juignant d'autre part à la » riviere d'Aurete ung petit chemin entre deux.

» 5. Item lesdiz abbé et convent IIII Parisis à cause dune autre estage » de maison assis en la rue par laquelle on va a la rivière d'Aurecte » juignant d'une part au portal du grant hostel et (jardin) dud. abbé et » d'aultre part a la maison dessus dicte, la rue entre deux.

» 6. Item lesdiz abbé et convent de Fontmorigny IIII Parisis à cause » de grant hostel et jardin assis en lad. parroisse juignant aus jardins » de lesglise de Bourges et dautre part à la rivière d'Aurecte.

(1) Rue de Fontmorigny actuelle.

» 7. Item lesdiz abbé et convent IIII Parisis à cause d'ung estage de
» maison assis en lad. rue davant le portal dud. grant hostel juignant
» d'une part a la maison dune vicairie fondée en lesglise de Saint-Jehan
» des Champs et d'autre part...

. . . .

» 15. Item Pierre Potier a cause de Johanne des Masons sa femme
» a cause dung hostel assis *en la rue par laquelle on va de la rue de*
» *Charlet en lostel de Fontmorigny*, (1), juignant dune part a loste
» de Fontmorigny *une petite ruette par laquelle on va à la riviere*
» *d'Aurecte entre deux* (2) et juignant d'autre part au portal de lostel
» dudict lieu de Fontmorigny, III Parisis.

. . . .

» 24. Item Doyen et chapitre de lesglise de Bourges XVIII Parisis a
» cause de leurs maisons et jardins assis en la dicte rue de Cro'sy jui-
» gnant d'une part au jardin de l'abbé et convent de Fontmorigny et
» juignant d'autre part a la rivière d'Aurecte et juignant à l'autre part
» au jardin de Monseigneur lévesque de Clermont, (Martin Gouge), et
» d'autre part a la maison Jehan de Saudre et a lautre partie a la maison
» Philipon Grant-Villain *aliàs* Mery tixerant en draps (3). »

Des indications du registre dont je viens d'extraire ces citations, il résulte que les biens, maisons et jardins, compris aux alinéas que j'ai supprimés, appartenaient à la communauté des vicaires de St-Etienne, aux hoirs de Jacquelin le Roy, (nous retrouverons plus tard cette famille), aux Boisratier, parmi lesquels l'archevêque de Bourges, aux

(1) Quoique la désignation ne soit pas la même, il me semble certain qu'il s'agit encore ici, comme à l'alinéa 3, de la rue tendant à l'Yévrette, rue de Fontmorigny actuelle.
(2) Cette petite *ruette* est peut-être l'ancienne *ruela aus Buyssins*.
(3) « C'est le jardin des Allemants. » Note manuscrite du 16e siècle, en marge de ce 24e alinéa.

Bastard, à Guillaume Rolant, « licencié en loys », au couvent de St-Ambroise, etc. (1).

Les citations que je viens de faire, peut-être un peu obscures, topographiquement parlant, n'en ont pas moins une grande importance en ce qu'elles nous mettent à même d'établir qu'il y eut bien à l'intérieur de Bourges un *bourg* de Fontmorigny, composé d'une certaine quantité de maisons arrondies autour de l'hôtel des religieux. Bourg s'entendant dans un sens moins étendu que le sens actuel de gros village. J'avais pensé pouvoir considérer le bourg comme ayant déjà un certain commencement d'existence en 1327 (2) ; en 1425, le voici constitué, sinon nommé. Et cette dernière consécration même va lui être donnée d'une manière irréfragable.

Le 24 janvier 1491 (v. s.), par devant Romsart Bordin « clerc-juré
» et notaire du Roy nostre sire, de par luy estably en la prévosté et
» ressort de Bourges, » prudent homme Jehan Piat, bourgeois à Bourges, prend à cens de *Révérend Père en Dieu*, *monseigneur l'abbé de Fontmorigny*, moyennant une redevance annuelle de quarante *solz* tournois :

« Ung vergier, *assis à Fontmorigny*, près la grisle qui est des ap-
» partenances de la maison de Fontmorigny qui jouxte le long d'une
» ruelle qui vient de Saint-Bonnet en la grant rue de Charlet (3) d'une

(1) La publication du *Livre du Censif de 1425* de St-Pierre-le-Puellier, ainsi que celle du registre de la *Recette faite en 1455* par le chapitre de St-Etienne, (Archives du Cher, fonds de St-Etienne, liasse 39), la publication, dis-je, de ces deux documents, nous fournirait les révélations les plus curieuses et parfois les plus piquantes sur les quartiers habités par la haute bourgeoisie de Bourges, et sur cette bourgeoisie elle même — Je ne sais pourquoi, dans la recette de 1455, il n'est pas question du quartier de Fontmorigny, qui cependant figure dans tous les autres comptes de la même liasse, avec le quartier Bourbonnoux et celui de la haute ville.
(2) V. pag. 15.
(3) La portion de l'ancienne *grant rue de Charlet*, dont il est question, s'appelle maintenant rue Saint-Louis.

» part, et aux Estuves de feu Jehan le Roy, et jouxte la rivière d'Au-
» rete d'autre part, et jouxte les jardyns que Jehan Rogier, l'aisné, tient
» desd. abbé et couvent, une allée entredeulx d'ung costé qui est com-
» mune entre lesd. abbé et Jehan Rogier, avecques les fonds, droiz
» et appartenances quelzconques dicellui vergier... » (1).

C'est *à Fontmorigny*, c'est-à-dire *dans le bourg de Fontmorigny* de Bourges qu'était situé le jardin accensé; il ne s'agit plus de l'interprétation que j'avais déjà cru pouvoir faire du mot *vicus* : mieux que la supposition, nous avons la réalité. Ainsi donc, bien que ne nous indiquant pas grand chose de positif quant à la position précise du jardin, cette phrase que je viens d'extraire de l'acte de 1492, nous est triplement précieuse : d'abord elle nous signale la présence au 15º siècle, dans notre quartier, de la porte Charlet, d'étuvistes qui feraient peut-être remonter bien haut la première origine des bains actuels *du Bœuf*; elle nous montre catégoriquement ce que nous avait fait présumer le *Livre du Censif* de 1425, les religieux s'étendant avec persistance et bonheur, et devenus peut-être possesseurs des biens de Pierre Lelarge (2), puisque la grille de leur maison et la grande rue où débouchait la ruelle des Buyssins (3), ne sont plus séparés, de quelque manière qu'on entende, que par des vergers qui leur appartiennent; enfin, comme couronnement et preuve dernière de l'influence de Fontmorigny dans la ville, une portion de cette ville, tant petite la doive-t-on faire, emprunte son nom au couvent; il n'y a pas de contestation à élever à ce sujet, l'acte est là qui l'affirme.

Jusqu'à présent, dans toutes les pièces dont je me suis servi pour

---

(1) Archives du Cher, Titres de Fontmorigny, liasse 5ᵉ, cote 11.
(2) V. pag. 10 et suivantes
(3) Ne pas confondre la ruelle des Buyssins et la vraie rue des Buyssins, autrement de la Cour-Brebis ou des Trois-Pucelles, désignée dans l'acte par ces mots : *ruelle qui vient de Sainct-Bonnet en la grant rue de Charlet*, et dernièrement rouverte sous le nom de *rue des Buissons*

reconstituer l'histoire des possessions de N.-D. de Fontmorigny dans Bourges, pièces que je viens d'analyser successivement, je n'ai trouvé la mention que d'une acquisition effectuée véritablement d'une maison et d'un chezal, plus mention d'un essai d'achat, (vente Lelarge). Il est plus que probable cependant que toutes les maisons et les jardins énoncés dans les deux dernières pièces n'ont pas été pris dans l'enclos primitif. La pénurie des archives de Fontmorigny, en ce qui concerne les possessions de Bourges, — pénurie qui ne doit du reste pas surprendre d'après la suite des événements, — cette pénurie est telle que non-seulement, ainsi que je le fais remarquer, depuis 1252 jusqu'à 1506, époque à laquelle nous arrivons, je ne trouve plus de trace de contrats d'acquisition faite par n'importe quelle voie ; mais aussi je ne pourrais plus m'arrêter qu'à un acte de location de 1552, si je n'avais encore une fois sous la main les archives de St.-Pierre-le-Puellier et de St.-Etienne pour me fournir des renseignements complets sur des points curieux.

Vers 1506, Fontmorigny acheta, de Thomas Bruzay, — le possesseur à cette époque de l'hôtellerie *du Sauvage,* dans la grande rue de Saint-Jehan-des-Champs, aujourd'hui Bourbonnoux (1), une maison « jouxte » d'une part à la rue par laquelle l'on va de la porte de Charlet à la » porte Gordaine, dans un long de la ruecte appellée la ruecte de » Fontmorigny (2). »

Le 22 novembre 1506, Frère François Colombel, l'un des religieux de Fontmorigny, vient payer aux vénérables de Saint-Pierre-le-Puellier la somme de 14 livres tournois d'accordement « pour raison de la nou- » velle prise de possession de l'abbaye. » Il reçoit devant Bordin, le

---

(1) « Le logis du Sauvage qui feut à feu Thomas Bruzay. » — Archives du Cher, fonds de Saint-Etienne, 39ᵉ liasse, cote 5 : Declaration donnée par le Chapitre au sujet de l'édit et des Lettres-Patentes du roi de 1553. Cette déclaration n'est point datée, mais la date même de l'édit lui assigne la sienne.

(2) Archives du Cher, même fonds, liasse 37ᵉ, cote 2, pièce première.

notaire royal que nous avons déjà vu instrumenter, « quictance sur parchemyn » de cette somme (1). Chose singulière ! Fait qui vient s'ajouter à toutes les preuves que nous avons déjà données (2) de la mésintelligence de Saint-Etienne et de Fontmorigny, après avoir payé à l'un des deux seigneurs censiers par indivis, les droits accoutumés, voici que le couvent acquéreur des biens de Bruzay, ne veut pas les payer à l'autre seigneur. De là un procès complet dont nous allons suivre les dernières phases.

Le mardi « unzeiesme jour de novembre 1511, ensuivant appointe-
» ment donné la veille entre les vénérables de l'esglise de Bourges et
» révérend père en Dieu maistre Jehan Desbarres, abbé commanda-
» taire de l'abbaye de Fontmorigny, » Nicolas de Ganay, conseiller du Roi, seigneur d'Azy et garde de la prévôté de Bourges, se transporte sur les lieux, en présence dudit abbé et de Jehan Poynreault, procureur des Vénérables, accompagné de Michel Degaucher, clerc et commis du greffier de la Prévôté, de Bernard Chappuzet, et de Jehan Chauvet, « maistres charpentiers jurez de ceste ville de Bourges (3). » Ces deux derniers sont chargés de « visiter, extimer et apprécier ladite
» maison, afin que lesdits Vénérables soient paiez des accordements à
» eux deubs de la mutacion dicelle, selon la valeur extimative de ladite

---

(1) Cette quittance, ainsi causée, est mentionnée à la page CIV du registre du *Censif de Bourges*, pour 1592 (Archives du Cher, fonds de Saint-Pierre-le-Puellier, liasse 32). Le *Censif de* 1586, p. CIX (même fonds, même liasse), rappelle cette quittance comme ayant pour cause le paiement fait « pour les accordements à eulx dits vénérables de Saint Pierre
» deubz par la muttacion de nouvel abbé à cause desd. maisons, cours,
» *placies*, jardins. » — C'est dans le premier de ces deux documents qu'est la vérité.

(2) V. pag. 14.

(3) Bernard Chappuzet était le charpentier ordinaire du chapitre. Il fut un de ceux qui dirigèrent les travaux de reconstruction de la Tour-Neuve. — V. *La Cathédrale de Bourges*, par A. de Girardot et Hyp. Durand, p. 126 et 127 ; M. Louis Raynal, *Histoire du Berry*, tome III, p. 252.

» maison. » L'expertise commence et les charpentiers portent la valeur de la maison à 400 livres : sans les réparations urgentes à faire et les charges qui pèsent sur elle, entre autres 29 livres de rente foncière, cette maison vaudrait bien 1,000 livres. En conséquence de quoi, Nicolas de Ganay condamne l'abbé de Fontmorigny à payer 20 livres tournois d'accordement, et le condamne en outre, dit sa sentence, « aux dépens tels que deraison, lesquels ledit abbé a consenty et par » nous taxé luy appelé ou Jehan Melliart, son procureur (1) »

Le 5 février 1511 (v. s.) a lieu le règlement des frais par Nicolas de Ganay ; ils se montent à la somme totale de « 7 livres 9 solz 9 deniers (2). »

Le 15 février, Turpin, sergent-royal, va faire à M. Jehan Desbarres, en son hôtel de Bourges, commandement de payer le montant de la condamnation et des frais. Mais celui-ci s'y refuse, malgré la promesse qu'il semblait avoir donnée d'acquiescer à la condamnation.

« Lequel Révérend, » dit l'exploit du sergent, « m'a dit et reppondu » qu'il parleroit à son conseil et feroit ce qu'il devroit, à ce présent et » par moy appelé, Pol Divoy, sergent royal (3). »

Il semble que le conseil ait engagé son client à persister dans la résistance, car au 30 octobre 1512, c'est-à-dire plus de dix-huit mois après le commandement, rien encore n'avait été payé. C'est ce que nous apprend une certaine pièce de procédure, par laquelle se termine le dossier de l'affaire.

« Nicolas de Ganay, licencié en loix, conseiller du Roi nostre sire, » Sr d'Azy et garde de la prévosté de Bourges, aux juges et officiers » des lieux et en la jurisdicion desquels révérend père en Dieu Me Jehan » Desbarres abbé commandataire de l'abbaye de Fontmorigny est demou

---

(1) Archives du Cher, fonds de Saint-Etienne, liasse 37, cote 2, 1ʳᵉ pièce, déjà citée.
(2) *Ibid.* 2ᵉ pièce.
(3) *Ibid.* Pièce 3ᵉ.

» rant et trouvé sera horsde notre jurisdicion et ressort, salut. Nous vous
» prions et réquérons que en aide de droit et faveur de justice, l'exé-
» cution de nos lettres de sentence condanacion et tauxe de deppends
» par nous donnée a l'encontre dud. Desbarres au profit des vénérables
» de lesglise de Bourges cy estachées soulz le contrescel ès causes de
» lad. prévostés les unes datées du xi jour de novembre l'an mil c. et xi,
» et les autres du ve de février oudit an dernièrement passé, vous souf-
» frez et permectez estre faicte a lencoutre dud. Desbarres et autres
» qu'il appartiendra par le sergent royal qui vous en requerra permic-
» tion et obéissance. Et en ce cas vous plaise faire pour nous autant
» que vouldriez que feissions pour vous en pareil cas ou mayeur. Ce
» que ferions vouluntiers et de cueur. Donné à Bourges, soubz le scel
» ès causes de lad. prévosté, en tesmoing de ce, le penultième jour d'oc-
» tobre l'an mil cinq cens et douze. BAUCHERON. — Petit scel sur pa-
» pier, d'un écusson aux trois fleurs de lys. » (1)

Sans doute ces dernières rigueurs d'un juge qui avait ainsi pris à cœur l'exécution de sa décision, durent amener le paiement des vingt et quelques livres tournois en cause. —

Le dernier acte relatif aux possessions de Fontmorigny dans Bourges, qui se trouve aux archives de cette abbaye, est un acte insignifiant que j'ai déjà indiqué en passant (2), et par lequel, à la date du 7 janvier 1552, les frères de Fontmorigny louent à Jehan Tixier, vigneron, « une maison assise et située en cette ville de Bourges, en la rue de » Fontmorigny, paroisse de Sainct-Jehan-des-Champs (3). »

En indiquant cet acte, j'ai donné à entendre qu'il n'y a rien d'étonnant à ce que Fontmorigny ait conservé si peu de pièces ayant trait à ses biens de Bourges ; en effet, les événements qui dépossédèrent

---

(1) *ibid.* pièce 4e. — Les quatre pièces sont sur parchemin.
(2) V. pag. 23.
(3) Archives du Cher, fonds de Fontmorigny, liasse 5e, cote 13.

pour ainsi dire l'abbaye, purent parfaitement, en détruisant les maisons, détruire l'immense majorité des titres de propriété ; et à supposer même que ceux-ci aient résisté, il n'y avait plus qu'un intérêt historique qui s'attachât à leur conservation : or cet intérêt n'a pas toujours été compris.

Nous sommes arrivés à l'année 1562, époque de la surprise de Bourges par les protestants et de la reddition de la ville à Charles IX, après un siége dont il n'entre pas dans mon plan de décrire les péripéties (1). Qu'il me suffise de remarquer, d'après les auteurs qui ont traité ce sujet, que le principal effort des troupes royales semble s'être porté sur la partie des fortifications qui commençait à Voizelle ou Vaucelles, et finissait à la tour au Diable, au coin de la place Villeneuve, en remontant vers la porte Bourbonnoux. C'était vers la porte Charlet qu'était disposée l'artillerie des assiégeants : les coups de canon ne furent pas épargnés, (plus de 1,560 furent tirés, dit un narrateur contemporain), bien des boulets durent dépasser les murailles, et l'hôtel de Fontmorigny fut détruit avec les maisons qui en dépendaient. Ce résultat, jusqu'alors inconnu du siége, est consigné dans les documents qui vont être reproduits par extrait. Ces documents sont au nombre de trois. Ce sont les livres du censif de St-Pierre-le-Puellier, l'un sans date, mais postérieur à 1585 et antérieur à 1588, ainsi qu'il résulte des indications qui y sont contenues ; le second, daté de 1586, reproduction presque identique du précédent ; et enfin le troisième de 1592, qui offre de grandes analogies avec les deux autres.

Le premier censif, après avoir énuméré les 12 maisons qui forment un des côtés de la rue de Fontmorigny, celui qui est opposé aux remparts, continue en ces termes, en commençant près de la rivière et en remontant vers la rue de Charlet :

---

(1) Voir principalement l'*Histoire du Berry*, de M. Raynal, tome Ier chapitre premier, p. 53 et suivantes.

« L'aultre cousté de ladicte rue de Fontmorigny.

» Plus sont lesditz vénérables seigneurs censuelz pas moictié et par
» indivis avec lesdicts vénérables de St Estienne de Bourges dune grand
» maison couverte de thuille qui consiste en six chassis ou demourances
» basses à cheminées avec les greniers estans audessus et jardyns der-
» rière qui de nouveau a esté bastie sur plusieurs places esquelles au-
» paravant le camp mu par le Roy davant ladicte ville de Bourges en
» l'an mil. V. C. soixante et deux, y avoit plusieurs maisons basties avec
» leurs jardins quy furent lors desmoliées et ruynées, toutes lesquelles
» maisons basties esd. places estoient antiennement des appartenances
» de lad. abbaye de Fontmorigny depuis ledit camp vendues ou arren-
» tées par les religieux, abbé et couvent dudict Fontmorigny à deffunct
» M..... (1) qui a basty sur ladicte place lad. maison y estant à présent
» qui jouxte d'une part par le devant la dicte rue de Fontmorigny, dung
» des coustez le chemyn tendant de ladicte rue à l'abreuvoir qui antien-
» nement sappeloit la *Goille*, daultre bout les jardins et places esquelles
» souloit estre antiennement bastie la maison de labbaye de Fontmo-
» rigny... (2). »

Les indications continuent par celles de « la place de la maison ap-
» pelée d'antienneté la maison de Fontmórigny (3). » Comme les détails sont plus précis dans le *censif* de 1586, c'est de cette source que
sera extrait ce qui suit :

« Plus sont lesdits vénérables, seigneurs censuelz.... des places sur
» lesquelles auparavant le camp mis et assiégé par le roi devant la

---

(1) Le *Censif* sans date que nous citons ne donne pas le nom de l'acquéreur de ces places que le *Censif* de 1592 désigne comme « vendues comme
« l'on dict à Me Penyn, avocat au siége présidial de Bourges, (p. 104). »

(2) Archives du Cher, fonds de St-Pierre-le-Puellier, liasse 32, *Censif*
sans date, p. 165.

3) *Ibid.* p. 166

» ville de Bourges quy fut au moys daoust mil-cinq-cens-soixante et
» deux, estoit bastie une maison appelée d'antienneté la maison de
» Fontmorigny, appartenant aux vénérables abbé, religieux et couvent
» de Fontmorigny, et aultres places et maisons estans le long de la rue
» de Fontmorigny, ensemble des jardins, courtz, aisances et apparte-
» nances d'icelle qui jouxtent par devant la grande rue de Charlet par
» laquelle on va de la porte dudit Charlet à la Porte-Gourdaine, appe-
» lée antiennement la rue Joyeuse. (1). »

Le *Censif* sans date que nous allons reprendre, continue par cette phrase :

« Plus... de la place en laquelle souloyt avoir maison bastie au coin
» de la rue de Charlet, près la porte, jouxtant d'une part par le de-
» vant la grand rue par laquelle l'on va de la porte de Charlet à la
» porte Gordayne, d'aultre les murs de la ville ung chemin entre deux
» par lequel on va de la porte de Charlet à la rivière d'Aurette au
» lieu appelé la *Goithe* où il y avoit antiennement un pont près la
» Tour Marquet, par derrière et des autres costez la maison de Font-
» morigny, — reconnu par Ambroise Marchant le 9 juillet 1534 — fault
» noter que les procureurs de la Fabrice de Saint-Jehan-des-Champs
» se sont emparez de lad. place et icelle mise en leurs mains pour non
» paiement de rente, etc. (2). »

Ce que les actes de 1252 et 1253 donnaient à entendre (3), ce que l'*Antian livre du censif* de 1425 n'expliquait pas très-clairement (4),

---

(1) Archives du Cher, fonds de St-Pierre-le-Puellier, liasse 32, *censif* de 1586, p. CIX,

(2) Archives du Cher, même fonds, même liasse; *Censif* sans date p. 167. Voir pour des indications analogues le *Censif* de 1586 et le *Censif* ou *Papier de la liève des cens accordables deubz aux vénérables de St.-Pierre-le-Puellier*, 1592, pp. 103 et suivantes. (*Ibid*).

3) V. pag. 5 et 6.
(4) V. pag. 19.

les extraits ci-dessus reproduits l'établissent d'une façon complète, l'hôtel de Fontmorigny était situé au centre de l'espace de terrain compris actuellement entre la rue de Fontmorigny et le rempart St-Louis. A partir de la première prise de possession de l'abbaye jusqu'à une époque indéterminée, mais probablement celle de l'incendie de 1487, qui nécessita la reconstruction de la presque totalité de la ville (1), la maison de Fontmorigny et ses dépendances s'étendaient jusqu'à l'Yèvrette ; une partie en fut fractionnée et louée par les religieux. A partir de 1506, depuis l'acquisition faite à Thomas Bruzay (2), les cours et jardins de l'hôtel durent s'étendre jusqu'à la rue de Charlet, ainsi qu'il résulte de l'avant-dernier fragment cité. —

Les religieux de l'abbaye de Fontmorigny demeurèrent dans Bourges trois cents et quelques années.

Qu'était leur hôtel ? Aucun renseignement précis ne nous est parvenu à ce sujet. « C'était un hospice pour s'y réfugier en temps de guerre, » dit Catherinot (3), et le vieux catalogue cité au commencement de ce travail le répète, ce qui prouve qu'il est bien *extrait des mémoires de M. Catherinot* entre autres (4).

Cet hôtel contenait-il une chapelle, comme ce même Catherinot le donne à entendre (5) ? Les documents manuscrits n'en font pas mention ; il est cependant permis de supposer qu'établissement religieux, Fontmorigny devait avoir dans sa demeure de Bourges un lieu con-

---

(1) L'incendie dut dévorer tout le quartier intérieur de Charlet : dans un acte du 14 avril 1488, il est question d'une maison brûlée par le feu de la Magdeleine, entre la rue de Croisy et la rue par laquelle on va à St-Bonnet, (rue des Buissons actuelle). — Archives du Cher, fonds de St-Etienne liasse 38, cote 4.
(2) V. pag. 23.
(3) *Les églises de Bourges*, dernière page.
(4) V. plus haut, pag. 2, note 2.
(5) *Les églises de Bourges*, id.

sacré à la prière; mais c'était probablement une simple pièce de l'habitation. —

Les documents conservés aux archives, dans les divers fonds que mon travail m'a amené à visiter et qui conduisent jusqu'à 1789, n'offrent plus rien de particulier dont je doive enrichir en détail cette étude. Ce sont des désignations de lieux qui montrent que depuis le siège de 1562, jusqu'à nos jours, la rue de Fontmorigny avait une physionomie offrant une grande ressemblance avec celle d'aujourd'hui : petites maisons d'habitation, jardins, « étendouers. » Quant aux noms des propriétaires, un seul me semble bon à citer, c'est celui d'André Lauverjat, libraire, qui, en 1588, possédait à cause de sa femme (dont le nom est resté en blanc), une maison dans la rue de Fontmorigny, sur le côté gauche en se dirigeant vers la rivière (1). —

Pour ce qui est de la rue de Fontmorigny elle-même, son ouverture est postérieure à 1327, puisqu'à cette époque les religieux habitant leur premier chezal, donnent à un nommé Regnaud Augir, en échange de certaines choses que j'ai déjà énumérées (2), *deux toises de large* de leur enclos, pour qu'il puisse aller librement jusqu'à l'Yèvrette. Probablement les propriétaires des terrains longeant la grande rue de Charlet désirèrent eux aussi aller jusqu'à la rivière, et au moyen de stipulations dont il ne nous reste plus de trace, le chemin afférent d'abord à la seule maison d'Augir dut être continué jusqu'à la rue de Charlet, comme dit l'*Antian Censif de* 1425, devenir *la rue par*

---

(1) Archives du Cher, fonds de Saint-Pierre-le-Puellier, liasse 32, *Censif* sans date, p. 157. — Le 27 septembre 1590, ce même André Lauverjat, libraire, est indiqué comme possédant en la Grande Rue Saint-Ursin une maison, où sans doute il habitait plutôt que dans la rue de Fontmorigny. Archives du Cher, fonds de Saint-Etienne, liasse 39, registre des cens et rentes de 1564-1603.

(2) V. pag. 16.

laquelle on va de ladicte rue de Charlet en la rivière d'Aurecte (1).
A la même date, comme l'établit le même Censif, cette rue prend aussi le nom de *rue par laquelle on va de la rue de Charlet en lostel de Fontmorigny* (2); mais il n'en est pas moins vrai que si cette dernière périphrase contient le germe du nom que portera plus tard la rue, la première contenait en quelques mots le certificat d'origine de cette rue, conformément à mon opinion. —

A une époque qu'il ne m'est pas permis non plus de préciser, l'île des actes du treizième siècle (3) se transforma en presqu'île visible encore en ce moment, la branche à moitié supprimée de la rivière servant maintenant d'abreuvoir.

Et puisque j'ai écrit ce nom, un mot sur cet abreuvoir anciennement nommé la *Goille* ou *Goilhe*, dont le pendant, le *Grand-Gouillat* (que les anciens titres et l'ancien Catalogue des rues nomment le *Grand-Gouillac*), a conservé son nom jusqu'à nos jours (4). Il a même transmis ce nom à une des rues du faubourg du Château. Il y a aussi le *Petit-Gouillat*. A cet abreuvoir donc, on se rendait par la rue de Fontmorigny, comme dit le vieux catalogue plus haut cité (5). Dans la première partie du seizième siècle, ainsi que nous venons de le voir, le lieu où s'abreuvaient les animaux était situé entre la pointe de la presqu'île et l'entrée de l'Yèvrette dans la ville. Les événements et les ruines de 1562 nécessitèrent sans doute l'établissement à nouveaux frais d'un abreuvoir, puisqu'en 1572, ainsi qu'il résulte d'un acte du 19 janvier de cette année, nous voyons les maire et échevins de Bourges arrenter au nommé Henry, une place près la grille Charlet et la rivière d'Yèvrette où il voulait

---

(1) V. pag. 19.
(2) V. pag. 20. — Je dois ajouter que ce paragraphe 15 est assez inexplicable, quoique j'aie tâché de l'expliquer.
(3) V. pag. 5.
(4) *Vocabulaire du Berry*, par M. le comte Jaubert, 1842.
(5) V. pag. 2.

établir un gué pour abreuver les chevaux. Ladite place avait 104 pas de circuit ; elle joutait d'un côté le reste du gué près la grille Charlet, d'un long l'héritage dudit Henry du côté de la rivière, d'autre long la foulerie dudit Henry une ruelle entre deux, et d'autre côté la rue ou chemin tendant de la rue de Fontmorigny au gué de Charlet (1). —

Revenons une dernière fois à cette rue de Fontmorigny. Voici sa naissance constatée et l'époque en est fixée autant que possible. Regardons un instant en arrière, et demandons-nous comment on pénétrait dans le quartier avant l'ouverture de cette rue. Ne l'oublions pas, à travers ces chézaux et ces maisons entourés de petits chemins et de petits fossés pleins d'eau, on arrivait à la maison de Fontmorigny et aux maisons voisines par la ruelle des Buyssins qui aboutissait elle-même perpendiculairement à la rue des Buyssins transformée de nos jours en rue des Buissons, comme nous avons eu déjà l'occasion de le voir (2). Cette ruelle des Buyssins semble avoir existé au moins en partie, jusqu'à l'époque de la confection du *Censif*, sans date, de Saint-Pierre-le-Puellier (1585-88). Elle y est désignée sous le nom de « *Petite* » *allée et chemyn pour aller au jardin de feu Pierre de Bour-* » *diéres* » (3). Ce personnage était un notaire du commencement du seizième siècle, qui habitait dans la rue des Trois-Pucelles *alias* de la Cour des Brebyz, actuellement des Buissons, je le répète. Son jardin était situé entre cette rue et celle dont je termine l'historique (4).

Après ce résumé rapide de mon travail, quant à ses points saillants,

---

(1) Archives de la ville de Bourges, Tableau des propriétés communales de la ville de Bourges, dressé par M. de Bonneval, maire en 1826 ; section IIe, propriétés rurales, promenades, n° 23. — C'est encore une note que je dois à M. Boyer, pour lequel nos précieuses archives municipales n'auront bientôt plus de secrets.

(2) V. pag. 22.

(3) *Censif* déjà plusieurs fois cité, p. 162.

(4) V. aux Archives du Cher, fonds de Saint-Etienne et de St.-Pierre, les divers registres de cens qui permettent d'établir ces désignations.

je dois, pour être complet, dire que le plan de De Fer — 1705, — et une carte manuscrite (1) de la rue de Fontmorigny — 1728 — l'indiquent comme percée seulement jusqu'à l'Yèvrette. Maintenant elle conduit jusqu'au rempart Saint-Louis en faisant un angle obtus dont le sommet est au petit pont de bois qui traverse la rivière. Vers 1800, des documents manuscrits et imprimés (2), la désignent comme ainsi ouverte déjà : c'est donc dans la dernière partie du 18e siècle qu'elle l'a été. —

J'ai fini, pour ma part, un des chapitres de cette histoire détaillée de Bourges, qui n'a pas encore été faite en entier. Je serai heureux si j'ai pu intéresser un instant au séjour des religieux de Fontmorigny à Bourges (3), et si, quand on écrira désormais des articles d'odographie sur Bourges, on ne se laisse plus aller à une erreur inconcevable pour quelqu'un qui se pique de connaître l'histoire locale, et l'on n'imprime plus, comme aux *Annonces Berruyères*, rue *du Fond-Morigny*, tout au long (4).

Point n'est besoin de dire que je serais enchanté de voir l'administration municipale, à la première occasion, rectifier ses deux plaques dans le sens de l'étymologie historique que je viens de l'établir pièces en main.

---

(1) Archives du Cher, fond de Saint-Etienne, liasse 37, dernière cote.
(2) Archives de la ville de Bourges. Voir aussi *Annonces Berruyères*, n° du 20 juin 1839, un mémoire sur le rempart St.-Laurent.
(3) Il ne reste plus qu'un souvenir ou deux de ce séjour, la rue, et peut-être, dans cette rue, encastré dans le mur de la maison située à l'angle gauche en remontant vers la rivière, et nouvellement rebâtie par M. Rollin, entrepreneur, un buste de moine avec le capuchon rabattu sur les épaules.
(4) Même mémoire.

www.ingramcontent.com/pod-product-compliance
Lightning Source LLC
Chambersburg PA
CBHW061013050426
42453CB00009B/1412